問題天天多系列

為什麼我要睡覺?

凱·巴納姆 著　　帕特里克·科里根 繪

問題天天多系列

為什麼我要睡覺？

作　　者：凱‧巴納姆 (Kay Barnham)

繪　　圖：帕特里克‧科里根 (Patrick Corrigan)

翻　　譯：張碧嘉

責任編輯：趙慧雅

美術設計：蔡學彰

出　　版：新雅文化事業有限公司

　　　　　香港英皇道499號北角工業大廈18樓

　　　　　電話：(852) 2138 7998

　　　　　傳真：(852) 2597 4003

　　　　　網址：http://www.sunya.com.hk

　　　　　電郵：marketing@sunya.com.hk

發　　行：香港聯合書刊物流有限公司

　　　　　香港荃灣德士古道220-248號荃灣工業中心16樓

　　　　　電話：(852) 2150 2100

　　　　　傳真：(852) 2407 3062

　　　　　電郵：info@suplogistics.com.hk

印　　刷：中華商務彩色印刷有限公司

　　　　　香港新界大埔汀麗路36號

版　　次：二○二一年十月初版

ISBN: 978-962-08-7845-9

Originally published in the English language as
"Why do I have to…Go To Sleep?"
Franklin Watts
First published in Great Britain in 2021 by
The Watts Publishing Group
Copyright © The Watts Publishing Group 2021
Traditional Chinese Edition © 2021 Sun Ya Publications (HK) Ltd
18/F, North Point Industrial Building, 499 King's Road, Hong Kong
Published in Hong Kong, China
Printed in China

目錄

為什麼我要這樣做？

人人都有他們不想做的事情。

我不想上學！

我不想吃西蘭花！

我不想洗碗！

那麼我們為什麼要做這些事？

通常背後都有一些極好的原因。例如：

- 我們上學是為了學習知識。
- 我們吃西蘭花和其他蔬菜是為了保持身體健康。
- 我們洗碗是為了下次使用時可以有乾淨的碗碟。

為什麼？

呼嚕⋯⋯

這本書是關於睡眠，以及睡眠的重要性。

當你讀到最後一頁，你就能告訴身邊的人，為什麼睡覺是世上**最棒**的事！

我不累！

哈娜很愛踢足球，她常常在花園練習。
踢足球真的很好玩啊！

「入球！」她邊高呼，邊把球踢向牆上。

天色開始轉暗，媽媽說是時候要睡了。
但哈娜卻一點也不累。

哈娜還想繼續踢足球，不想去睡覺。因為如果她多點練習，説不定在星期六的比賽中可以入二十球！那麼她的球隊就可以勝出比賽。

「我不累啊！」她叫道。

試想想⋯⋯
你認為踢足球比睡覺更重要嗎？

媽媽看看手錶。
「多玩五分鐘好了。」她説。

哈娜很開心，但她很快便出現了一些糊塗的失誤。
她把足球踢向盆栽，把盆栽推倒了。

她跑呀跑，想着要再次射球，
卻不小心絆倒了，弄傷了膝蓋。

「我忘了怎樣踢球了！」哈娜很擔心。
「我的球技都消失了！」

媽媽微笑着說：「去睡吧！明天早上你
就會記起來的了。」

你知道嗎？

· 當你累的時候，會更
容易犯錯。

· 睡眠能讓你的身體有
機會休息和修復。

這不公平!

客廳傳來電視中的悠揚音樂,阿德從門外窺看,看見他的姊姊麗娜蜷縮在沙發上。電影正要開始。

「好極了!」阿德說,「我們要看什麼?」

「你什麼也不能看。」爸爸站在門廊。他指着樓梯説：
「你是時候要睡了。」

阿德很氣憤。為什麼麗娜就不需要去睡了？
為什麼她可以晚點才睡？

試想想⋯⋯
為什麼阿德要去睡，
而麗娜不用？

11

第二天早上，麗娜向阿德解釋，他要早點睡是因為他處於成長期，睡眠能讓他成長得更好。而她可以晚點睡是因為她比較年長，但年長也代表她要幫忙做更多的家事。

阿德看着她倒廚餘筒。「啊，這工作真臭。」他說。

「你知道嗎?」麗娜説。
　她告訴阿德,她昨晚替他錄影了電影。

阿德擁抱着他的大姊姊。
　「你是最棒的。」他説。

你知道嗎?

· 孩子長大得很快。
  睡多一點能令他們
  成長得更好。

· 3-5 歲的兒童每晚
  所需的睡眠時間是
  10-13 小時。

· 6-13 歲的兒童每
  晚所需的睡眠時間
  是 9-11 小時。

我怕黑！

「他們從此快快樂樂地生活下去。」
祖母放下故事書跟茉莉說晚安，「那
我就關燈了，晚安⋯⋯」

「不要！」茉莉立刻緊緊抱着她的
小駱駝布偶。她睜大雙眼，目露恐
懼，不斷望向房間的不同角落。

「怎麼了？」祖母問。

茉莉的嘴唇也顫抖着。「我不能在黑暗中睡覺，」她說，「這太恐怖了！」

試想想……
你認為茉莉為什麼會怕黑？

「如果有怪獸躲在牀下怎麼辦？」茉莉說，「牠們可能會把我吃掉！」

祖母解釋說，怪獸並不存在。但為了讓茉莉好過一點，祖母為她檢查了牀底。

茉莉緊張地看着祖母檢查牀底⋯⋯

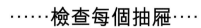

⋯⋯檢查每個抽屜⋯⋯

……檢查衣櫃，還有窗簾後面。

「全部安全！」祖母說，然後她關上房燈，「你現在可以安心睡了。」

茉莉微笑入睡，她愛極了這沒有怪獸的房間。

你知道嗎？

· 怪獸跟黑暗一點關係也沒有，因為怪獸並不是真的。黑暗只是因為沒有光。

· 你也可試試在房間裝上小夜燈，可以令房間不會太暗。

我很孤單！

費迪不太喜歡自己一個人睡。他的房間太安靜了，
自己一個孤零零的。如果媽媽在房間的話，感覺
好多了，所以他興奮地告訴媽媽他的妙計。

「媽媽，你也可以在這裏睡啊！」他跟媽媽說，「那麼我便不會那麼孤單了。」

「不行呢。」媽媽笑着搖頭說，「不過，我會留在你的身邊直至你睡着。」

費迪歎了口氣，但他媽媽撫摸着他的手，他很快便進入夢鄉了。

試想想……

為什麼費迪的媽媽不想在費迪的房間裏睡？

週末的時候，費迪又想到了另一條妙計。
如果他邀請朋友來他的家一起睡，他便
不會那麼孤單了！

「很棒啊！」媽媽說。

朋友來留宿的確很棒……直至費迪
開始覺得疲倦，他想睡了。但他的房
間太擠擁，而且在一片喧鬧聲中，實
在難以入眠。

第二天晚上，費迪一直在打呵欠。「今晚我想自己睡了。」他說，「當然是等聽完了睡前故事後才睡。」

你知道嗎？

· 能自己睡覺的孩子，就是長大了的孩子！

· 讓布偶陪你睡覺的主意真不錯！那麼你就不會孤單呢！

我怕發噩夢！

昨天晚上，蘇兒發了一場噩夢。

「太恐怖了！」她跟哥哥喬治説。
「我夢見自己被一隻巨大的馬追着，於是要從衣櫃上跳下來！
然後還要在鱷魚潭上走鋼線！還發現我的牀是用芝士造的！」

「嘩！」喬治説，「的確很恐怖！」

蘇兒已經開始擔心今晚是否能好好睡覺，要是再發噩夢怎麼辦呢？

試想想……
當你發了噩夢，你會怎樣做來令自己沒那麼害怕？

下午，蘇兒看了一齣冒險電影，裏面有一隻兔子像
摩天大樓那麼高。「啊！」蘇兒悄聲叫道。她覺得
這齣電影有點可怕。

於是她關了電視，然後問爸爸她可否幫忙一起
做薄餅。爸爸對蘇兒表示，電影的情節並非真
實的。

那天晚上，蘇兒夢見自己在薄餅餐廳
工作。這個夢一點也不可怕。

你知道嗎？

· 如果你很擔心或害
怕一件事，可能會
因此發噩夢。試着
跟大人談談吧！

· 在睡前做一些令自
己平靜的事，可以
讓你睡得更好。

外面還很光！

在一個寂靜的晚上，金恩還未睡覺。因為外面還很光，燈光射進房裏，所以他怎樣也睡不着覺。

「不如我等到外面的燈熄了才睡吧！」
金恩說。

「不是不可以，但是……」爸爸說。

爸爸告訴金恩，如果他
想有良好的睡眠習
慣，即使外面有沒
有燈，光或暗，他
也要一樣作息定
時。

「那就是說，現在雖然外面還很光，但已經差不多十時了，
你仍然要準備去睡，那樣可以嗎？」爸爸說。

「那很難啊！」金恩說。

試想想……
如果窗外面還很光亮，
你有什麼解決方法？

「我有一個更好的辦法！」爸爸說。

爸爸告訴金恩他會安裝一個遮光簾，這樣就可以防止外面的光線射進來。金恩的房間就會變得昏暗一點。

過了不久，遮光簾安裝成功！金恩感覺好多了。

可是，金恩要面臨另一個新問題……

那就是在早上的時候，房間也太黑了，金恩需要調較鬧鐘起牀呢！

你知道嗎？
· 戴眼罩是阻隔光線的一個好方法。
· 即使你很怕黑，睡覺時也要關燈啊！因為光度會影響你的睡眠質素。如果你的眼睛對光線敏感，就更加難以好好睡覺了。
· 除了天然的光線，光害也有可能是導致人們不能好好入眠的原因呢！

睡覺小貼士

甜睡好方法：

- 在日間做些運動，晚上你就會容易入睡了。

- 在睡前一小時就要關上各種電子屏幕啊！電子屏幕的光會令你的腦袋得不到休息，你便難以入睡。

- 盡量避免剛吃飽就立刻去睡。

- 臨睡前做些令人放鬆的事，作為你的睡前習慣，會幫助入眠。

- 看故事能令人放鬆，心情舒暢。你可以自己看故事，或請父母／照顧者給你説一個睡前小故事。

為什麼睡覺那麼重要？

- 睡眠會幫助身體打敗細菌，維持健康。

- 大部分孩子的身體都是在睡眠中生長的。

- 睡得香甜，會令你第二天精神充沛。

- 睡覺過後，會更容易吸收要學習的東西。

- 睡得好，第二天就沒那麼容易感到疲累和厭煩。

更多資訊

延伸閱讀

《小跳豆幼兒自理故事系列：我會早睡早起》
改編：新雅編輯室
(新雅文化事業有限公司，2021 年出版)

《小跳豆幼兒情緒故事系列：我很害怕》
改編：新雅編輯室
(新雅文化事業有限公司，2021 年出版)

《寶寶快樂成長系列：我會乖乖睡》
作者：佩尼‧塔索尼
(新雅文化事業有限公司，2021 年出版)

《深呼吸，靜下來：給孩子的正念練習》
作者：溫思‧金德
(新雅文化事業有限公司，2020 年出版)

相關網頁

孩子睡眠不足的3種跡象
https://www.parenting.com.tw/article/5062351

充足的睡眠不只有助孩子成長，對家長的健康也益處多多！
https://futureparenting.cwgv.com.tw/family/content/index/13963

詞彙表

修復（repair）
把一些東西修理好，或指身體回復體力和良好的精神狀態。

廚餘（compost）
蔬菜渣滓，腐爛後會混到泥土中。

遮光簾（blackout blind）
一種用遮光布造成的窗簾，可以完全阻隔光線，令房間非常暗。

光害（light pollution）
或稱光污染，是使用過多的照明裝置(如霓虹燈、廣告招牌等)，令窗外長期亮着燈光，會影響居民的睡眠。減少光害可以由很多方面做起，例如：固定光源的位置、定時關掉燈源，又或是定下一些照明計劃。

睡眠質素（sleep quality）
指的是我們睡眠的品質。睡得足夠並不代表有好的睡眠質素。有時候即使我們睡了 8 小時，仍然會感到疲倦，那是因為受到一些因素影響，如房間光線、精神狀態等，令我們無法進入深層睡眠，就像沒有睡過一樣了。

細菌（germs）
微小的生物，會令人生病。